AF279057

PAROLES

PRONONCÉES

DANS LE TEMPLE PROTESTANT DE MULHOUSE

LE 22 DÉCEMBRE 1863

PAR

M. LE PASTEUR PUAUX

A L'OCCASION DES FUNÉRAILLES

DE

Mme EUGÉNIE DE STETTEN

NÉE HEILMANN

STRASBOURG

TYPOGRAPHIE DE G. SILBERMANN, PLACE SAINT-THOMAS, 3

1864

MES FRÈRES,

Dans ces jours où la passion des intérêts matériels envahit de plus en plus notre société, il n'est pas étonnant qu'un vent de doute et d'incrédulité souffle sur elle, et que les intérêts religieux se trouvent relégués à l'arrière-plan des choses pour lesquelles elle se travaille tant; mais quelque grand que soit le flot envahisseur du scepticisme, il y a cependant des vérités devant lesquelles tout homme courbe la tête sans oser hasarder, à part le murmure, une seule objection. Parmi ces vérités je vous signale celle-ci que je trouve dans les pages de la Sainte-Écriture: « *Souviens-toi que tu es poudre et que tu retourneras dans la poudre d'où tu as été tiré*[1]. »

S'il y a une vérité dure à entendre, c'est certainement celle-là, et cependant en présence du pouvoir despotique de la mort, il n'est front qui ne s'incline devant elle, et parmi ceux sur lesquels elle domine, il n'y a ni insurgés, ni révolutionnaires, ni comploteurs; tous, grands et petits, riches et pauvres, savants et ignorants, jeunes et vieux subissent son joug égalitaire. Le matérialiste peut nier Dieu, en présence de son nom écrit en lettres brillantes dans la courbe immense des cieux; le déiste peut nier sa divinité à la croix, phare lumineux dressé au milieu des ténèbres du monde moral; mais ils ne peuvent, ni l'un ni l'autre, nier à la mort son génie et sa puissance.

La mort règne donc dans le monde comme un tyran farouche, impitoyable; quand elle frappe, elle le fait comme

[1] Genèse III, 19.

elle le veut, comme elle l'entend; parfois elle va droit à sa proie avec la rapidité de l'électricité, et en moins d'une seconde elle lui prend tout ce qu'elle a de vie; sa victime ne connaît ni les souffrances de la maladie ni les angoisses du trépas; elle n'a pas même le temps de regarder en face l'être mystérieux qui l'a tuée d'un regard.

Cette manière de quitter la vie est douce, bien douce; physiquement la plus douce de toutes. Est-ce là, mes frères, le genre de mort que vous ambitionneriez? Je ne le pense pas; car si on vous disait: «c'est de cette manière que vous mourrez,» vous seriez dans un continuel tremblement, voyant sans cesse une épée de Damoclès suspendue sur votre tête; ce n'est pas aussi le genre de trépas que je vous souhaite, pas plus que celui de l'homme qui jette des regards désespérés sur les biens qui ont fait sa joie et que la mort va lui ravir, pour ne lui donner en échange qu'un suaire et qu'un cercueil, sans même qu'un regard porté vers le ciel, ôte l'amertume de ce calice destiné à être bu jusqu'à la lie. Mourir ainsi, c'est être violemment arraché de la vie; quel est celui de vous qui voudrait descendre ainsi dans la tombe? Personne; — aussi désiré-je que Dieu vous épargne cet affreux supplice.

Quelque douloureuse que soit cette sortie de la vie, il en est une qui l'est plus encore : c'est lorsqu'un pécheur qui a connu la vérité chrétienne arrive à sa dernière étape et reconnaît tout à coup que les talents que son maître lui a confiés sont tous enfouis dans la terre; les faire fructifier, c'est trop tard; l'heure de travailler est passée; celle de rendre compte est arrivée, et il n'a à présenter à son Maître qu'une vie dilapidée et des mains vides de ces bonnes œuvres qui nous suivent dans le ciel! Mourir ainsi avec la certitude qu'on n'a rien fait et la certitude qu'on ne peut racheter le temps perdu, c'est un genre de mort horrible, affreux — Trop heureux le mourant qui, à cette heure suprême de sa vie, peut pousser ce cri arraché du fond de son cœur par la douleur de ses péchés : «Seigneur, sauve-moi, je péris!» et en le poussant regarder avec une foi profonde à Celui qui dit à son compagnon de supplice : «Tu seras aujourd'hui avec moi dans le paradis.»

A côté de ces morts il y en a une qui diffère d'elles comme le calme diffère de la tempête; le mourant se retire peu à peu de la vie, sans efforts pour s'y rattacher; il s'abandonne au courant du fleuve funèbre sans regrets pour ce qu'il quitte, sans crainte pour ce qui l'attend; il est doux envers la mort comme la mort envers lui; il se laisse immoler comme un agneau, il s'éteint comme une lampe quand la dernière goutte d'huile est épuisée. — C'est cette mort que nous désirerions pour nous, nous direz-vous? Plus ambitieux pour vous, je vous en souhaite une meilleure; celle d'Eugénie Heilmann à laquelle nous rendons aujourd'hui les derniers devoirs.

Eugénie Heilmann naquit à Mulhouse le 10 septembre 1830. A l'âge de neuf ans, elle perdit Eugénie Kœchlin, sa mère, et à dix-huit ans Josué Heilmann, son père, homme de génie dont le nom demeurera l'une des gloires les plus pures de Mulhouse. Eugénie Heilmann trouva dans sa grand'mère, Mme Jacques Kœchlin, une seconde mère. Le 5 février 1852 elle s'unit en mariage avec M. Frédéric-Gustave-Alexandre de Stetten; de leur union sont nés cinq enfants dont deux l'ont précédée dans la tombe, à peu de semaines l'un de l'autre. Mère aussi tendre qu'épouse dévouée, elle souffrit cruellement, mais elle trouva dans les principes chrétiens, dans lesquels elle avait été élevée, ces consolations souveraines que l'on demande vainement à la sagesse humaine et que le monde finit par demander au temps, ce second linceul des morts. Mais le moment approchait où Mme de Stetten devait récueillir les plus beaux fruits de son éducation chrétienne; un jour la mort la regarda en face : elle comprit et se prépara en silence et en prières au grand départ. Elle était cependant si jeune encore!... Tout lui souriait dans la vie dont elle était l'une des privilégiées — elle était aimée et elle aimait. — Son intérieur de famille était un sanctuaire de joies, pures, douces; elle ne désirait rien au delà; son cœur était plein..... Et cependant cette lente mais impitoyable maladie, qui ne pardonne jamais quand elle est complétement elle-même, la trouva triste, mais soumise; désireuse de vivre.... mais résignée à mourir. Le sacrifice n'eut pas lieu sans combats dans cette âme chez laquelle dominait le besoin d'aimer.

Je n'entre pas dans des détails intimes qui m'entraîneraient trop loin et qui d'ailleurs sont le patrimoine sacré des siens ; je dirai seulement que la première fois que je la vis après son retour du Midi, elle n'était déjà plus que l'ombre d'elle-même — la mort avait gravé sur sa figure ses empreintes sacrées. Soumise à son Sauveur, Mme de Stetten n'avait pas encore fait tous les sacrifices que le chrétien est appelé à faire ; ne le lui reprochons pas, mes frères, elle avait tant à présenter en holocauste à Celui qui se sacrifia pour elle ! S'il ne se fût agi que d'elle-même, de sa propre vie, c'eût été facile, très-facile ; mais elle avait à lui offrir son affection d'épouse toujours nouvelle ; ses affections de mère, de sœur, d'amie ; donner tout cela et n'avoir que trente-trois ans... C'était se donner tout entière, car elle ne vivait pas en elle, mais dans ces êtres qui étaient la vie de sa vie, la joie de ses joies.

«C'est tout cela, lui dis-je, qu'il faut donner à celui qui pour vous eut son Gethsémané et versa son précieux sang.

Elle m'écouta avec une grande attention ; dans ses yeux pensifs et brillants je pus lire ce qui se passait dans son âme.

J'étais à peine parti que, par un acte de sa volonté, grand s'il en fut jamais, elle prononça des lèvres et du cœur cette courte prière :

« Seigneur, que ta volonté soit faite » à cet instant, date mémorable dans sa vie, elle ne réserva rien pour elle, rien, absolument rien ; — elle s'offrit tout entière.

La bénédiction ne se fit pas attendre ; une joie vive et profonde... inonda son cœur ; le fardeau qui l'oppressait tomba et elle put se réjouir, non dans l'assurance de son salut qu'elle avait, mais dans la vue de ce séjour de gloire et de bonheur dans lequel elle allait entrer. Le ciel était descendu jusqu'à elle, et elle soupirait après lui comme le cerf altéré après les torrents d'eaux.

Ses liens terrestres étaient désormais brisés ; mais loin de devenir moins aimante, elle le devenait d'avantage et son affection purifiée par la flamme céleste qui éclairait doucement son âme lui apprenait à aimer, non plus en vue de la terre, mais en vue du ciel.

Nous pouvons le dire ici en toute vérité, car nous avons vu, entendu, touché — Eugénie de Stetten a été pour tous ceux qui ont eu le privilége de l'approcher dans les derniers jours de sa vie, une lampe brillante et la preuve la plus évidente et la plus douce de la religion chrétienne... En effet, est-il dans l'ordre naturel des choses d'ici-bas qu'une femme aimante, épouse et mère tendre, sœur dévouée, ayant à peine dépassé trente ans, puisse voir se briser tous ces liens si doux qui l'attachent à la terre, sans avoir le cœur labouré par la douleur, et surtout quand elle conserve la plénitude de son intelligence et un degré de lucidité qu'elle n'avait jamais eu...? Non, non, mes frères, ce phénomène ne peut avoir son application que dans cette foi chrétienne qui est une représentation des choses qu'on espère et une manifestation de celles qu'on ne voit pas.

La veille de sa mort, nous étions plusieurs réunis dans son salon ; elle savait que quelques heures seulement la séparaient du monde, et cependant nous étions tous joyeux ; nous parlions de son prochain délogement comme nous eussions parlé d'un voyage d'agrément attendu avec impatience ; nous parlions de Dieu, des anges, du Sauveur surtout, et de nous tous elle était la plus heureuse — c'était la fiancée qui se parait pour aller au devant de Jésus son céleste époux, et nous, en l'entendant, calme, douce et joyeuse nous parler du ciel, nous sentions tout ce qu'il y avait de divin et de céleste dans ses paroles, et nous bénissions Dieu des choses merveilleuses qu'il avait opérées dans le cœur de son humble et bienheureuse servante.

Les hommes du monde qui n'ont pas d'espérance parce que l'Évangile leur est voilé, n'auraient rien compris à cette scène de famille chrétienne, et ils nous eussent taxés de fanatisme ou de folie, et cependant nous étions tous de sens rassis, et notre foi ne nous venait pas d'excitations nerveuses, mais de la sainte parole de Dieu, « cette lampe de nos pieds, cette lumière de nos sentiers. »

Notre malade soupirait après son délogement et il lui tardait d'être avec Christ ; cependant par moment, son regard du ciel s'abaissait sur la terre, et en retombant sur les êtres qui lui étaient si chers, elle se prenait à désirer de demeurer avec eux, et quand son désir devenait trop fort elle en demandait pardon à Dieu, comme d'un acte de désobéissance, et courbant la tête elle disait : « Seigneur que ta volonté soit faite, » et la joie céleste, un moment affaiblie dans son cœur y reluisait d'un vif et nouvel éclat.

Elle désira prendre la sainte Cène ; son pasteur M. Bernard la lui donna ; elle reçut les emblèmes sacrés du corps rompu et du sang versé de rédemption, avec une reconnaissance profonde, et son âme se nourrit de ce céleste aliment dont la vertu demeure incconnue aux mondains, aux indifférents et aux profanes.

La maladie faisait des progrès lents, mais visibles ; elle minait doucement son corps et l'entraînait vers la tombe.... Elle le sentait et se réjouissait : « quand verrai-je, disait-elle, la sainte cité ? quand me désaltérerai-je au fleuve de vie ? » Son lit de mort était devenu pour ceux qui l'entouraient la plus éloquente des chaires... elle parlait des choses magnifiques de Dieu avec autant de simplicité que de profondeur : sa foi était déjà changée en vue.

Les dernières heures de sa vie furent pénibles, ses angoisses inexprimables — elle appelait la mort comme un ange consolateur et son Dieu sembla un moment la traiter comme la Cananéene. Mais dans ces heures de luttes, que nul ne saurait exprimer s'il ne les a senties, elle levait ses regards suppliants vers le ciel en s'écriant : « Seigneur Jésus viens ! délivre-moi ! » et cependant elle ajoutait : « mon Dieu que ta volonté soit faite... » Nous assistions depuis quatre heures à ce combat douloureux, presque sans intermittence, quand ses gémissements cessèrent, et sa figure, labourée par la souffrance, prit tout à coup une expression de sérénité, de calme et de beauté idéale, et ses lèvres, qui n'avaient laissé échapper que des soupirs, s'ouvrirent pour glorifier et magnifier le Dieu de sa délivrance. Que je suis heureuse ! s'écria-t-elle, que je suis heureuse ! bonheur ! bonheur ! Le ciel qu'il est beau ! Jésus ! Jérusalem ! sainte cité ! fleuve de vie !... et en prononçant ces mots elle tressaillait de joie et sa figure se transfigurait de plus en plus.

J'ai assisté à bien des spectacles, mais jamais je n'ai été témoin d'un plus beau — je voyais, je touchais ce monde invisible que la foi rend visible. Ce n'était pas la preuve de la vérité de la religion chrétienne, c'en était l'évidence. — Ah! bien souvent pour me rendre scientifiquement raison de ma foi, j'ai étudié et médité les plus puissants apologistes du christianisme ; mais leurs pages les plus éloquentes, leurs arguments les plus convaincants ne m'ont jamais parlé comme ce lit de mort transformé en autel resplendissant de lumière. — Ah! qu'on ne fasse pas ici intervenir l'exaltation, l'hallucination ; il n'y avait rien de tout cela ; car sur cette couche funèbre il y avait l'une de nos sœurs qui jouissait de la plénitude de ses facultés intellectuelles, occupée, même au plus fort de ses angoisses, des siens qu'elle aimait tant ; pleine de délicatesse même quand elle me priait de l'aider à franchir le grand passage, se reprochant d'être trop exigeante et de diminuer mes heures de sommeil. — Non, non ; je le répète, il n'y avait chez elle ni exaltation ni hallucination ; il y avait plénitude de jugement et plénitude de foi. Elle s'avançait vers la tombe, l'esprit libre, les yeux ouverts, mais elle s'y avançait en compagnie de Celui qui est notre bon berger et qui transforme en vallée resplendissante de lumière la sombre vallée de l'ombre de la mort. — Ce que nous avons vu, nous vous le disons, et encore taisons-nous des détails intimes qui ne doivent pas sortir du sanctuaire de sa famille, où ils demeureront à l'état de parfum ; mais nous en disons assez pour constater qu'à la foi chrétienne seule appartient le droit de procurer une telle mort. Non, non, jamais celui qui a consumé ses jours dans l'incrédulité ou dans l'indifférence n'a donné à son heure dernière un pareil spectacle ; jamais son cœur n'a tressailli de joie ; jamais sa figure pâle et livide ne s'est embellie des rayons du ciel, et de ses lèvres mourantes un cantique de délivrance ne s'est jamais échappé.

Rendons à Dieu ce qui appartient à Dieu, et proclamons sans hésiter qu'une religion qui ôte à la mort son aiguillon et au sépulcre sa victoire, n'est pas une religion inventée par les hommes; disons hardiment qu'elle ne peut venir que du ciel.

Comme l'on voit dans les régions septentrionales une magnifique aurore boréale se former, croître, puis s'évanouir peu à peu, telle fut la fin de Mme de Stetten..... Debout près de son lit, dans un silence solennel, nous attendions le moment suprême..... Deux soupirs, dernier tribut payé aux souffrances de la terre le précédèrent de quelques secondes ; le corps était là devant nous, immobile, mais l'âme avait pris son vol radieux vers le ciel.

Ce que nous avons vu et entendu, nous vous le racontons, mes frères, avec simplicité, et nous demandons à Dieu qu'il vous mette au cœur de désirer ardemment pour vous un semblable lit de mort. Pourquoi ne l'auriez-vous pas? Le Maître qui a soutenu avec tant de fidélité notre bienheureuse sœur, ne vous fait-il pas aujourd'hui un touchant appel en disant à chacun de vous: «Mon fils, donne-moi ton cœur.» Et ce cercueil qui vous attend à la porte de cette église, cercueil plus éloquent que moi, n'est-il pas aussi un prédicateur puissant qui vous crie: «Cherchez le Seigneur pendant qu'il se trouve, invoquez-le pendant qu'il est près?» Et cet époux, ces parents, ces amis si cruellement atteints dans leurs affections les plus intimes, et qui ne voudraient pas, le pussent-ils, dire à une chère poussière : réveille-toi ! ne vous apprennent-ils pas qu'il y a dans la religion chrétienne des trésors de consolations inconnues au monde?

O mon Sauveur, tout ici nous parle de ton amour et de ta fidélité ; tout nous proclame la vérité de ton saint Évangile ; tout nous invite à faire sérieusement le compte de nos voies ; tout nous crie : «que vous servirait-il de gagner le monde entier si vous perdez votre âme ?» tout nous invite à ne pas renvoyer à demain ce que nous pouvons faire aujourd'hui ; tout nous atteste enfin que notre œuvre, notre grand œuvre est de nous procurer par une foi vivante et vraie le bienfait d'une fin comme celle de la bienheureuse morte dont les restes nous attendent pour les conduire au champ de repos où ils demeureront jusqu'au jour où les morts grands et petits sortiront de leurs sépulcres et comparaîtront devant celui qui, juste juge, rendra à chacun selon ses œuvres. Amen.